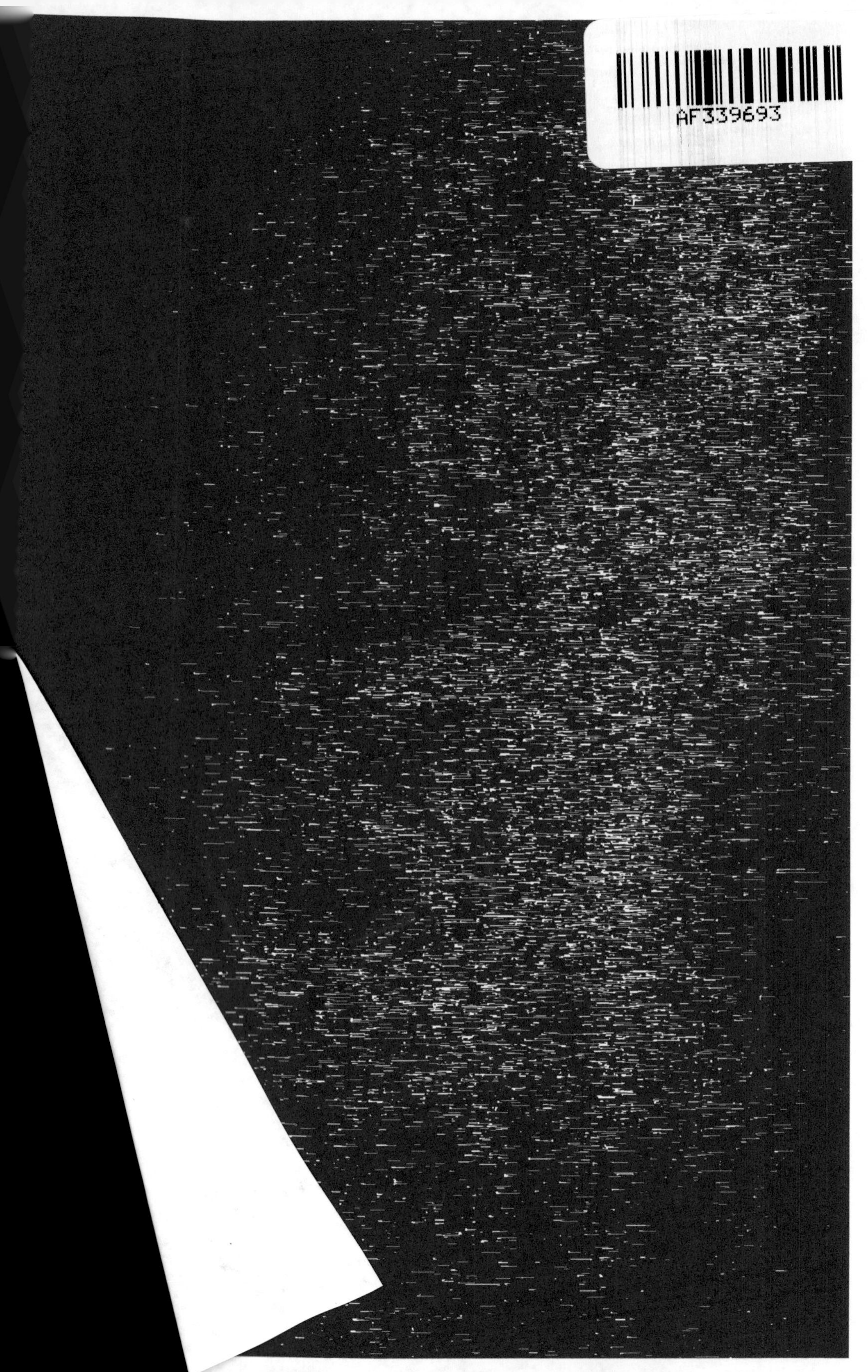
AF339693

NOTICE

SUR

GUILLAUME GUIART [1].

Si la renommée d'un poëte se mesurait à sa fécondité, Guillaume Guiart jouirait d'une assez belle réputation. Mais combien de personnes ignorent qu'il a composé en l'honneur de Philippe le Bel une chronique de plus de vingt et un mille vers ! Combien plus encore ont négligé d'en entreprendre et surtout d'en achever la lecture ! Qu'il me soit donc permis de lui consacrer cette notice, dans laquelle j'ai réuni, à des renseignements généralement peu connus, un petit nombre de détails que je crois inédits.

Du Cange a beaucoup fait pour ce chroniqueur : non-seulement il a publié à la suite de son *Joinville* les trois mille vers que Guillaume Guiart avait consacrés au règne de saint Louis, mais encore il a voulu assurer, autant que possible, la conservation du reste de l'ouvrage, en donnant à la Bibliothèque royale le manuscrit peut-être unique dont il était possesseur. Son intention a

(1) Cette notice a été lue à l'Académie des inscriptions dans la séance du 15 mai 1846.

III. (*Deuxième série.*) 1

été remplie ; car ce manuscrit est celui-là même dont un savant laborieux, frappé tout récemment d'une mort prématurée, fit paraître, en 1828, une édition complète formant deux volumes in-8° de sa collection des chroniques nationales. M. Buchon a fait précéder cette longue suite de vers d'une introduction intitulée : *Vie de Guillaume Guiart, tirée de sa chronique métrique.* C'est une courte notice composée par du Cange et placée par lui en tête du manuscrit dont il a disposé d'une manière si libérale. On y retrouve, en abrégé, ce que Guillaume Guiart lui-même a pris soin de nous apprendre sur sa personne et sur son travail. Legrand d'Aussy avait repris, après du Cange, le même sujet, auquel il a consacré cinq pages dans le tome V des *Notices et extraits des manuscrits.* J'ai puisé à la même source que mes deux devanciers les renseignements souvent identiques et quelquefois un peu plus détaillés dont se compose la première partie de cette biographie.

Guillaume Guiart naquit à Orléans ; c'est lui qui nous l'apprend dans son prologue (1). Il serait d'ailleurs facile de le deviner à la manière dont il parle des Orléanais dans plusieurs passages de sa chronique. Ainsi, lorsque l'armée française marche contre Pont-à-Vendin, en 1304, il se complait à décrire la bonne tenue d'un corps de quatre-vingt-dix Orléanais (2), qu'il nous montre

> Armez de cotes à leur tailles
> Et de bons hauberjons à mailles,
> De forz ganz, de coifes serrées,
> De gorgerètes et d'espées.
> Et chascun ot, à sa séance,
> L'un arbaleste, l'autre lance ;
> Et touz vestuz, en ces riotes,
> Sus leur atours de noires cotes
> Dont en l'ost n'ot nule si faite ;
> Car en chascune ot contrefaite
> De li escuz la fourme entière,
> L'une devant, l'autre derrière :
> Li escuz de gueules estoient ;
> III chailloz d'argent i séoient.
> J'ai entendu par genz séures
> Que porter seult tiex arméures
> Quant en fait de guerre venoit
> Li dus qui Orlenois tenoit.

(1) V. 31.   (2) V. 17556 et s.

Un peu plus loin (1), il nous raconte la prise d'une maison qui était si bien entourée d'eau qu'elle semblait défier toutes les attaques de l'armée. Je vis , dit-il , un sergent , né à Orléans , se précipiter à la nage dans un fossé large de quarante pieds. Il n'avait ni bassinet ni bouclier; mais il tenait fièrement la bannière d'Orléans. Entraînés par son exemple , des bidauts s'élancèrent à son secours, et pénétrèrent par une palissade dans l'enceinte où il était déjà. La maison fut prise, et ceux qui la défendaient mis à mort. Quant au sergent , il avait reçu deux blessures, l'une au pied droit, l'autre au bras gauche. Cet audacieux Orléanais , dont la chronique nous tait le nom , n'était autre que Guillaume Guiart lui-même. Pour s'en convaincre, il suffit de se rappeler que dix-neuf mille vers plus haut il nous a dit, dans son prologue (2), qu'il se trouvait, au mois d'août 1304, dans la ville d'Arras, où le retenaient deux blessures qu'il venait de recevoir à l'attaque de la Haignerie : c'est le nom de cette maison que ses larges fossés pleins d'eau ne purent protéger contre l'impétuosité de notre poëte. Sachons-lui gré de n'avoir été modeste qu'à demi, et de nous avoir permis de le reconnaître sous les traits de ce hardi nageur qui portait si fièrement la bannière de sa ville natale.

Blessé d'un carreau au pied droit et d'un coup d'épée au bras gauche, il prit le parti, pour passer le temps, de se mettre à rimer. Il se rappelait avoir lu un roman, composé par quelque Flamand, où le roi et les Français étaient indignement traités. On y faisait sonner bien haut la bataille de Courtrai; mais on y passait sous silence celle de Furne , celle de Gravelines , les affaires de Zélande.....

> A brief parler , toutes leur pertes
> Estoient aussi bien couvertes
> Que l'en pourroit couvrir espiz (3).

Guillaume Guiart, indigné, jura qu'il composerait à son tour un roman pour répondre à toutes leurs vanteries. Il se mit immédiatement à l'œuvre. Mais il fut réduit d'abord à travailler sur des ouï-dire , et à répéter les récits de gens qui n'étaient pas toujours bien informés (4). Un clerc s'en étonna, et lui dit qu'il

(1) V. 19876 et s.

(2) V. 101 à 110.

(3) V. 135 à 137.

(4) V. 154 à 156.

devrait aller à Saint-Denis, et qu'il y trouverait l'exacte vérité. En pareille circonstance, un membre de cette académie répondit qu'il avait fait son siége; Guillaume Guiart, mieux inspiré, recommença le sien. Arrivé à Saint-Denis, il reconnut que tout ce qu'il avait fait auparavant était rempli d'erreurs : il brûla donc impitoyablement son premier travail, et *se prit à la vraie histoire* (1).

Ce fut au mois d'avril 1306 qu'il se remit à l'œuvre. Il aurait pu parler longuement de l'origine des Français et des terres qu'ils conquirent jadis sur les païens (2); mais il a préféré s'en tenir à l'histoire moderne, et composer, sous le titre de *Branche des royaux Lignages*, ce qu'il appelle un petit volume, et ce qui est dans la réalité un poëme de vingt et un mille vers, consacré à l'histoire de sept rois seulement (3). Parmi ces rois, les deux premiers, Louis VII et Philippe-Auguste, appartenaient simplement à la lignée de Hugues Capet; mais les cinq autres, à compter de Louis VIII, passaient pour être en même temps des rejetons de la branche carlovingienne (4); car on prouvait facilement alors qu'Isabelle de Hainaut, première femme de Philippe-Auguste, descendait de Charlemagne, et par conséquent de Priam. Sans cette généalogie, saint Louis n'eût pas été d'assez bonne maison. Il ne faut donc pas s'étonner si Guillaume Guiart déclare que son travail véritable commence seulement au règne de Louis VIII (5); c'est évidemment en l'honneur de ces nouveaux Carlovingiens qu'il a composé son poëme. Toutefois, comme la gloire militaire de Philippe-Auguste devait trouver grâce auprès de notre belliqueux poëte, il a consenti à faire remonter ces récits jusqu'à l'année 1165. Quant à Louis VII, il n'en parle pour ainsi dire qu'à l'occasion de son fils.

Il a consulté pour cette première partie de son travail une des deux chroniques de Guillaume le Breton, car il n'avait pas l'autre à sa disposition (6). Mais, en revanche, il s'est aidé d'un texte aujourd'hui perdu, et qui alors était déjà presque oublié.

> Mès n'est mie moult publié;
> Ainz est comme touz oublié :
> Petit en set lai, clerc ne moinne (7).

(1) V. 169 et 170.

(2) V. 177 et s.

(3) V. 282 à 286.

(4) V. 290 et s.

(5) V. 309 et 310; cf v. 370 à 372.

(6) V. 340 et 341.

(7) V. 349 à 351.

Ce texte, qui méritait une courte mention dans l'*Histoire lit-téraire*, était une chronique rimée, ou, comme dit Guillaume Guiart, *un roman gracieus à devise*, dont l'auteur, frère Jean de Prunai, avait eu entre les mains le double travail de l'historiographe de Philippe-Auguste (1). Choqué de l'injustice de ses contemporains envers ce gracieux poëme, Guillaume Guiart résolut de reprendre le même sujet, mais en l'abrégeant ; car il avait hâte d'arriver aux rejetons de la royale branche des Carlo-vingiens (2). Toutefois cet abrégé comprend encore plus de sept mille vers, et comme on y remarque plusieurs passages qui ne peuvent être tirés que de Rigord, il en résulte ou que Guillaume Guiart avait aussi lu ce chroniqueur ou qu'il a répété ce que Jean de Prunai en avait extrait avant lui. En tout cas, on ne peut pas admettre avec du Cange qu'il n'ait consulté à Saint-Denis d'autre ouvrage latin que celui de Guillaume le Breton ; car, dans une autre partie de son prologue, il parle de certaines chroniques dont il a transcrit les mémoires.

> A saint Denys soir et matin
> A l'exemplaire du latin
> Et à droit françois ramenées
> Et puis en rimes ordenées (3).

Ces chroniques latines lui ont certainement fourni ce qu'il dit des règnes de Louis VIII, de saint Louis, de Philippe le Hardi, et peut-être même des premières années du règne de Philippe le Bel ; car c'est seulement pour les guerres faites de son temps qu'il a la prétention d'être un écrivain original (4) ; jusque-là, il parle de l'*écrit* ou de la *chronique* (5) d'après laquelle il raconte. Au contraire, à partir de l'an 1296, il déclare souvent avoir entendu dire ou avoir vu ce qu'il rapporte (6). Voilà pourquoi, après avoir consacré moins de cinq cents vers aux onze premières années de Philippe le Bel, il en compose plus de huit mille pour

---

(1) V. 342 et s.
(2) V. 352 et s.
(3) V. 40 à 46.
(4) V. 47 et s.
(5) V. 12277 et 12935.
(6) Voy. par exemple, pour l'an 1296, le vers 13353 ; pour l'an 1297, les vers 13748, 13749 et 14301 ; pour l'an 1302, le vers 15893 ; pour l'an 1304, les vers 16759, 17205, 19447, 19881, 19906, 19945, 20337, 20341, 20555 et 20839.

les années 1296 à 1304. Alors les détails abondent : ce n'est plus une chronique, ce sont de véritables mémoires militaires sur les guerres de Flandre. L'auteur tient tout ce qu'il a promis dans son prologue pour le récit des guerres de son temps :

> Car de cèles (que je le sache)
> N'aura jà ci chose léue
> Que je n'aie enquise et séue
> Par pluseurs et certainement,
> Ou véue à l'ueil proprement
> Qui sanz enqueste m'en fait sage (1).

Il aura soin de marquer le lieu, l'année, la semaine, et souvent même le jour de chaque bataille (2). La fin de cette profession de foi littéraire mérite d'être citée :

> Or me doint Diex par sa puissance
> Finer l'euvre que je commance,
> Si vraiement comme en ce livre
> Ne vueil les truféeurs ensivre,
> Qui pour estre plus délitables
> Ont leur romanz empliz de fables
> Et de granz mençonges apertes
> Mal polies et mal couvertes ;
> Et tesmoingnent qu'en maintes terres,
> Où jadis avenoient guerres,
> Chevaliers qui se combatoient
> Jusqu'ès braiers s'entrefendoient :
> Li grant destrier, du cop donné,
> Restoient par mi tronçonné.
> De tant autresi se rempirent
> Qu'à ceux qui onques ne nasquirent
> (Tout les nomment il en leur notes)
> Font les genz ocire à granz flotes
> Et les divers serpens méismes (3).

Il y aurait de l'injustice à ne pas reconnaître que ce passage se recommande à la fois par un certain mérite de pensée et de style. C'est déjà de la critique littéraire appliquée aux romans de chevalerie ; et cette critique, dans la bouche d'un chroniqueur du quatorzième siècle, aurait encore beaucoup de mérite quand même il n'aurait pas réussi à l'exprimer avec une certaine délicatesse. Je dois avouer, par exemple, que dans ce court morceau, Guillaume Guiart s'est surpassé lui-même. Ses plaisanteries

(1) V. 54 à 59.   (2) V. 64 à 68.   (3) V. 69 à 87.

ordinaires ont quelque chose de grossier et souvent même de cruel : il n'épargne ni les misères des vaincus ni les convulsions des mourants. Si parfois il est plus heureusement inspiré, c'est quand il dépeint les préparatifs d'une bataille, la marche d'une armée ou l'intérieur d'un camp. Quoique de pareilles descriptions ne soient pas très-bien placées dans une chronique, elles fournissent plus d'un trait précieux, surtout pour l'histoire de l'art militaire (1). Mais là, comme ailleurs, reparaît sans cesse le grand défaut de Guillaume Guiart, ou plutôt des rimeurs du moyen âge, qui noient leur pensée dans un déluge de mots inutiles. La prose alors était souvent lourde et traînante ; mais, avec toutes ses imperfections, combien n'est-elle pas supérieure à cette prétendue poésie où la nécessité de rimer accumulait incessamment avec une déplorable fécondité les expressions les plus ridicules et les images les plus burlesques ! Ainsi, dans l'attaque d'un convoi, il parlera des charretiers que l'on met à mort *quoiqu'ils aient les mains sales* ; et cette pitoyable cheville n'est là que pour rimer avec le mot *malles* qui termine le vers suivant. Dans le même passage, le mot *besogne* entraînera à sa suite une image choquante à laquelle succède un remplissage aussi fade que superflu :

> Et mètre à la mort charretiers,
> Tout aient il les paumes sales ;
> Et courre soudoiers à males,
> Où il a diverses besoingnes,
> Ausi comme chiens à charoingnes
> Où tost vont sanz ce que il musent (2).

On s'étonne quelquefois de la richesse des rimes que présen-

(1) Legrand d'Aussy, qui avait remarqué l'importance de cette chronique, avait été surtout frappé de la description de la bataille de Mons-en-Puelle et de celle du combat de Zierik-See. « Ces deux descriptions, dit-il, toutes deux inédites et toutes deux très-« détaillées, présentent une foule de fais curieux sur l'état où étaient alors en France « l'art militaire, la marine, et la tactique des combats tant sur terre que sur mer. De « tous les monuments que jusqu'à présent j'ai été à portée de voir et de recueillir sur « ce double objet, je n'en connais aucun, au moins sur celui de la marine, qui soit à la « fois et aussi ancien et aussi étendu. J'ait fait de chacun d'eux le sujet d'un mémoire « qui a été lu à l'Institut. » Le mémoire sur la marine est un travail considérable qui se trouve dans les *Mémoires de l'Institut national*, au tome second de la classe des sciences morales et politiques, page 302. Quant à l'autre mémoire, je suppose qu'il est demeuré inédit.

(2) V. 15552 à 15557.

tent à profusion ces interminables poëmes ; mais par combien de sacrifices fallait-il acheter ce frivole avantage ! On rapprochait pour l'oreille les mots *Vendosme* et *saint Cosme*, *Trapes* et *napes*, *Grapin* et *sapin*, *merveilles* et *seilles*, *asségier* et *négier*, *Maubuisson* et *buisson*; mais en même temps on outrageait le bon goût et le sens commun en disant qu'un évêque, marchant à la tête d'une armée, *pensait peu aux faits de saint Cosme* (1) ; que le roi d'Angleterre, rentré dans ses États, *y mangea depuis sur maintes napes* (2) ; que le roi de France désire combattre *cent fois plus qu'acheter du sapin* (3) ; que des soldats courent faire un grand feu

Sans porter eau en poz n'en seilles (4) ;

qu'en été *on voit peu neiger* (5), et que sur mer *il y a peu de haies et de buissons* (6). Voilà par quels procédés on réussissait à rimer des milliers de vers. Parmi ces pitoyables remplissages, il en est qui fatiguent d'autant plus le lecteur qu'il les voit reparaître à chaque instant sous une forme plus ou moins semblable. Guillaume Guiart ne se contente pas d'avoir dit une fois, en faisant le récit d'un combat, que les vaincus ou les lâches voudraient bien être ailleurs que sur le champ de bataille. Cette pensée vulgaire devient pour lui une mine en quelque sorte inépuisable. Quand il lui manque une rime, il revient à sa pensée favorite : seulement, au lieu de répéter, comme il l'avait dit d'abord,

Chascun d'eus vousist ailleurs estre (7) ,

il introduira dans cette formule un léger changement, et obtiendra successivement les désinences qui lui sont nécessaires, en disant qu'on voudrait être à Chypre (8), à Méhun (9), à Naples (10), à Clervaux (11), à Tyr, (12), à Liége (13), en Vermandois (14), etc. C'est par un procédé analogue et non moins fastidieux qu'en parlant des habitants d'une ville ou des soldats d'une armée, il ne vous dira pas qu'on les voit tous fuir ou

(1) V. 10607.	(6) V. 13157.	(11) V. 11607.
(2) V. 12015.	(7) V. 2719.	(12) V. 11928.
(3) V. 14139.	(8) V. 6235.	(13) V. 12091.
(4) V. 12431.	(9) V. 9329.	(14) V. 18749.
(5) V. 8781.	(10) V. 9939.	

combattre ; à ce mot *tous*, il substituera des périphrases qui varieront, non pas selon le sens, mais selon la rime : ce seront tantôt *les bons et les mauvais* qu'il appellera aussi *les meilleurs et les pires* (1); *tantôt les vieux et les jeunes* (2); ailleurs, *les fous et les sages*, qu'il nommera au besoin *personnes sages et sotes, folles et guerses, sages et non savants* (3). Un peu plus loin, on voit paraître *les beaux et les laids, les personnes pâles et rouventes, noires et blondes, brunes et bises, les blancs et les fauves* (4); puis *les courbes, les torts et les gambes,* qui sont opposés *aux droits* (5), *les pesants et les légers, les gens courtoises et enfrunes* (6) (renfrognées), etc. Au reste, pour que le lecteur ait une idée bien exacte du triste abus que Guillaume Guiart a fait de ces périphrases, j'en citerai deux ou trois exemples.

Sur l'ordre du connétable, l'armée française s'apprête à partir le lendemain :

> Pour ce font leur dars emmaler
> Cil d'armes *droit parlant et baube ;*
> L'endemain bien matin à l'aube
> Partent *les veluz et les chaus*
> D'Arraz aveuc les mareschaus (7).

Voilà donc les gens d'armes divisés en deux classes, ceux qui bégaient et ceux qui ne bégaient pas ; deux vers plus loin, Guillaume Guiart ne distingue plus dans l'armée française que des hommes velus et des chauves. Mais il est plus étonnant encore de voir comment il exprime cette idée que tous les clairons retentissent à la fois :

> *Les luxurieus et les chastes*
> Buisines sonnent à tiex hastes
> Qu'il pert à leur débatemenz
> Que venuz soit li jugemenz (8).

Certes, personne ne pouvait s'attendre à voir parler de luxure et de chasteté en pareille matière ; et je suis certain aussi qu'on

(1) V. 2800 et 8879.
(2) V. 4278.
(3) V. 18327, 11571, 13188 et 4302.
(4) V. 18365, 11873, 15917, 13107 et 8827.
(5) V. 4252, 4278 et 7259.
(6) V. 12949 et 11826.
(7) V. 17438 à 17442.
(8) V. 11197 à 11200.

chercherait vainement à deviner le vers que Guillaume Guiart a imaginé pour rimer avec le nom du cardinal Cholet :

> François VIII jourz là atendirent ;
> Après ce d'ileuc se partirent
> *Li dur maigre et li gras molet* (1).

Ce vers burlesque me rappelle un trait révoltant par lequel il dépeint ailleurs une mêlée sanglante :

> L'acier tranche là mègre et graisse (2).

Je suis bien loin, hélas ! d'avoir épuisé la matière, mais je ne veux pas oublier que ces défauts si choquants s'alliaient pourtant à certaines qualités estimables, qu'à travers tout ce fatras on découvre, de temps en temps, une pensée juste, une expression heureuse, un tour vif et rapide. Ces rares éclairs, qui brillent de loin en loin, éblouissent tellement certains lecteurs qu'ils en demeurent comme étonnés ; oubliant les longues heures d'ennui qui ont précédé ces courtes jouissances, ils tombent dans une admiration exagérée. D'autres, et c'est le plus grand nombre, regrettent le temps qu'ils ont perdu à parcourir quelques centaines de vers fades et monotones ; ils ont lu çà et là, au hasard, sans rien rencontrer de bien (ce qui est la chance ordinaire), et, faute de patience, ils ont fermé le livre pour ne plus le rouvrir. Entre cet enthousiasme et cet excès de rigueur, il y a un juste milieu à tenir. Sans prétendre que la lecture de cette poésie soit aussi profitable qu'elle est ennuyeuse, il est impossible de ne pas reconnaître qu'on y apprend toujours quelque chose. Il faut surtout tenir compte à l'auteur du noble sentiment qui l'a inspiré ; il faut se rappeler qu'il a entrepris sa chronique pour relever l'honneur de sa patrie ; qu'après avoir vaillamment combattu pour elle, souffrant et blessé, il a voulu la servir d'une autre manière, en conservant le souvenir des victoires qu'il avait partagées.

Au reste, les détails que j'ai encore à donner désarmeraient la critique la plus sévère. Guillaume Guiart avait écrit son poëme en l'honneur de Philippe le Bel, à qui il voulait l'offrir avant que personne en eût un exemplaire (3); mais il ne paraît pas avoir été largement récompensé de ses exploits guerriers ni de son

(1) V. 12319 à 12321.   (2) V. 16857.   (3) V. 488 à 492.

mérite littéraire. C'est du moins ce que donnent à penser trois chartes que l'on conserve aux Archives du royaume, et qui nous apprennent que Guillaume Guiart, d'Orléans, habitait en 1313 la paroisse Saint-Médard, près Paris, et qu'il était ménestrel de bouche, c'est-à-dire, si je ne me trompe, qu'il exerçait l'état de chanteur (1). Il était marié alors; car le 4 février 1313, le dimanche après la Chandeleur, il se présentait avec Perronelle, sa femme, devant le garde de la prévôté de Paris pour déclarer qu'ils avaient vendu, l'un et l'autre, à Philippe l'Espicier bourgeois de Paris, moyennant la somme de douze livres parisis, une rente de quarante sols parisis assise sur leur maison, et de plus sur une masure et un quartier de vigne, situés à Paris en Montfetart, paroisse Saint-Médard, lesquels étaient déjà grevés d'une rente annuelle de trente sols parisis due à Gérard Rossignol. En d'autres termes, il empruntait sur hypothèque, au taux énorme de 16 pour cent, une somme dont la valeur relative répondrait à peu près à mille francs de notre monnaie. Le 18 avril suivant, il faisait un nouvel emprunt ; cette fois le capital était de cent sols parisis et la rente de vingt sols, c'est-à-dire que le crédit de Guillaume Guiart avait encore baissé, puisqu'il était obligé de promettre un intérêt de vingt pour cent. Ce second acte nous apprend en outre le nom d'un autre créancier, Raoul le Vanier, à qui Guillaume Guiart devait une rente de vingt sols parisis, garantie de la même manière. La maison du pauvre ménestrel de bouche était donc grevée de quatre-vingt sols de rente, sans compter les trente sols spécialement assis sur la masure et le quartier de vigne.

Deux ans plus tard, il devait à Philippe l'Espicier dix sols de rente de plus, probablement pour défaut de payement des arrérages. Du 10 juillet 1315 au 13 septembre suivant, il avait laissé prononcer contre lui, par son juge, le chambrier de Sainte-Geneviève, quatre défauts, dont le profit avait été adjugé le 11

---

(1) Le mot *ménestrel,* comme *ministerialis,* a si souvent le sens d'*officier,* que les mots *ménestrel de bouche* semblent au premier coup d'œil désigner tout autre chose qu'un chanteur. Mais on trouve au mot *menesterellus,* dans le supplément de Du Cange, plusieurs textes tirés des registres du Trésor des chartes, où il est question de *ménestrels de haulz instrumens,* de *ménestrels de trompes,* et enfin d'un *ménestrel de bouche.* Il m'a paru que ces diverses locutions, tirées de la même source, devaient s'interpréter de la même manière, et qu'il fallait reconnaître là des ménestrels dont les uns faisaient de la musique instrumentale, les autres de la musique vocale.

octobre au créancier poursuivant. Enfin, le 15 mars 1316, attendu que Guillaume Guiart avait laissé depuis longtemps sa maison vide et non garnie, en sorte que Philippe l'Espicier et autres n'avaient rien trouvé à y prendre pour le cens et les arrérages qui leur étaient dus; attendu que ladite maison, louée par main de justice, ne rapportait pas de quoi indemniser les censiers, le chambrier de Sainte-Geneviève, considérant les défauts prononcés successivement contre Guillaume Guiart, contumace, adjugea audit Philippe l'Espicier la saisine de l'héritage contentieux, en réservant toutefois la question de propriété, comme l'exigeaient le droit et la coutume.

Pour l'honneur de ce bon vieux temps, que j'aime aussi, mais dans une certaine mesure, et sans prétendre qu'il doive nous servir en tout de modèle, je voudrais pouvoir ajouter que Guillaume Guiart n'a pas été abandonné sans secours à la rigueur du droit et de la coutume qui se réunissaient pour couvrir de leur protection l'usure la plus révoltante. Mais je n'ai pas trouvé de renseignements sur l'issue de son procès ni sur les dernières années de sa vie, et malheureusement il est bien à craindre qu'il n'ait terminé ses jours dans la misère et dans l'oubli.

NATALIS DE WAILLY,

Membre de l'Institut.

PIÈCE JUSTIFICATIVE.

(L'original aux Archives du royaume, section administrative, S 1522.)

A touz ceus qui ces présentes lectres verront et orront, le chamberier de Sainte Geneviève de Paris, salut : Sachient tuit, que, comme Philippe Lespicier eust fait semondre et adjourner pardevant nous, en cause de héritage, Guillaume Guiart, menesterel de bouche, lequel Guillaume plusieurs foiz adjourné pardevant nous en cause de héritage, à la requeste dudit Philippe, si comme dessus est dit, ne vint, ne envoia, ainçois fu de nous tenu pour défaillant souffisamment appelé en nos plez, si comme il est plus plainnement contenu en plusieurs deffaus, des quiex la teneur est ci-desouz escripte; lequel Philippe, considérant les contumaces du dit Guillaume nous ovri sa demande comme à juge en la manière qui s'ensuit :

« C'est la demande sur la quelle Philippe Lespicier a fait semondre pardevant vous, sire juge, Guillaume Guiart, menesterel de bouche, et la quele le dit Philippe entendoit à faire contre le dit Guillaume se il feust compareu pardevant vous.

« C'est assaveir, que, comme le dit Philippe soit et ait esté en bonne saisine et par juste titre de prendre et de lever soisante et dis solz de cens ou de annuele rente sus la meson du dit Guillaume, assize en Mont-Fétart, en vostre seignourie, sire juge; De la quele meson le dit Philippe a fait veue à vous, sire juges, comme à justice par la deffaute du dit Guillaume ; la quele meson le dit Guillaume a laissiée par lonc temps vuide et vague et non garnie, si que li censier, c'est assavoir le dit Philippe et autres, n'ont trouvé que prendre en la dite meson pour leurs cens et pour leurs arrérages qui deuz leur estoient; ainçois a convenu que la dite meson ait esté louée par main de justice par la deffaute du dit Guillaume pour faire saust (1) aus censiers et à touz autres à qui il peut appartenir tel droit comme il ont ou pèvent avoir : Le quel louage ne soufist pas à paier et aggreier les censiers de leurs cens ne de leurs arrérages qui deus leur sont;

« Et il soit ainsic par la coustume notoire *li proprietoire sont tenuz de garnir leurs mesons si souffisamment que li censiers y puissent prendre pour le cens, ou à delessier tel droit comme il y ont;*

(1) Sauf.

« Et le dit Philippe ait fait appeler pardevant vous le dit Guillaume
en cause de héritage et pour reson d'icelle meson, par quatre quatorzainnes coustumées, selonc us et coustume gardées en tel cas ; aus
queles quatre quatorzainnes le dit Guillaume n'est venu ne comparu ,
par lui ne par autre , ains en a emporté le dit Philippe deffauz contre
le dit Guillaume, des journées dessus dites , si comme il est contenu ès
deffaus ci-desouz nommées faiz du dit Guillaume, tant devant la demande comme après , et devant veue et après veue du dit héritage contencieus ; Des quiex deffauz la teneur est tele :

« L'an de grace mil ccc et quinze, le juedi après la S. Martin
d'esté (1) , fu tenu pour déffallant , en cause de héritage , pour la première quatorzainne , Guiart, menesterel de bouche, pour Philippe Lespicier, semons par Gautier, nostre serjant, et apelé soffissament , nous
séans en seige, présent le dit Philippe, qui s'emparti par congié de court
et emporta vray deffaut. Donné comme dessus.

« Item. L'an de grâce mil ccc et quinze, le jeudi après la Magda-
leine (2), fu tenu pour deffallant pour la seconde quatorzainne, Guillaume Guiart, menestrel de bouche, en cause de héritage, pour
Philippe Lespicier, semons par Gauter, notre serjant, et appelé souffissement, nous séans en seige, présent le dit Philippe qui s'emparti par congié de court, et emporta vray deffaut. Donné comme
dessus.

« Item. L'an de grace mil ccc et quinze, le venredi jour de saint
Jehan décollace (3), fu tenuz pour déffallant pour la tierce quatorzainne,
Guillaume Guiart, menesterel de bouche, en cause de héritage, pour
Philippe Lespicier, semons et adjourné par Gautier, nostre serjant , si
comme il nous fu souffissement tesmoingné, appelé souffissament, nous
séans en seige, le dit Philippe présent, qui s'emparti par congié de court,
et emporta vray deffaut. Donné si comme dessus.

« Item. L'an de grace mil ccc et quinze, le samedi après la septembresche (4), fu tenu de nous, maire de Sainte Geneviève de Paris, pour
déffallant pour la quarte quatorzainne, Guillaume Guiart d'Orliens,
menesterel de bouche, pour Philippe Lespicier, en cause de héritage ,
semons et adjourné par Jehan de Marisi, notre serjant, le quel avoit fet
la veue de héritage à nous, comme à justice, si comme il est acous-

(1) C'est-à-dire le 10 juillet 1315.
(2) Le 24 juillet.
(3) 29 août.
(4) La septembresche est la fête de la Nativité de la Vierge, au 8 septembre. Le
samedi après cette fête correspondait en 1315 au 13 septembre.

tumé, si comme il nous tesmoigna par son serement. Le quel Guillaume
ne vint ne n'envoia, le dit Philippe contre le dit Guillaume entandant
si comme il dut, et s'emparti par congié de court. Donné si comme
dessus. »

Après les quiex deffaus le dit Philippe fist semondre et adjourner
pardevant nous le dit Guillaume, à voir les diz deffaus et oir de nous
estre tenuz pour valables, et le profist d'iceus adjuger à une certaine journée, c'est assavoir au samedi après le S. Denise (1) darre-
nièrement passée : A laquele journée le dit Philippe requérant o grant
instance que nous, les diz deffaus li adjugissons pour valebles, se
comparust pardevant nous, si comme il dust, contre le dit Guillaume,
le quel ne vint, ne envoia, ainçois fu tenu pour deffallant, appelé
soffisament;

Après le quel deffaut, le dit Guillaume fut semons et adjourné par
devant nous, à la requeste du dit Philippe, à la fin dessus dite : c'est
assavoir à dimanche jour des brandons (2), item d'abundant au dimanche ensuiant, pour voeir les diz deffauz estre tenuz pour valables,
et le profist d'iceus adjuger : A la quelle journée le dit Philippe se com-
parut, si comme il dut, pardevant nous, contre le dit Guillaume; le
quel, semons et adjournez pardevant nos, à ce que dessus est dit, par
Garmont, nostre serjant, si comme il nous rapporta par son serement,
ne vint ne envoia ainçois fu tenu pour deffaillant, atendu et appelé
souffisament;

Et nous requist le dit Philippe, que comme il nous eust, comme a
juge, pour la deffaute du dit Guillaume, ouverte et déclarcie sa demande, et veue ait esté faite, et le dit Guillaume, devant veue et après
veue, ait esté deffaillant en la manière que il est dessus dit, que nous,
par la vertu des diz deffauz, li adjugissons tel droit comme le dit
Guillaume avoit ou dit héritage contencieus, ou au mains la seisine
d'ycelui; en disant que ce li devions faire selonc droit et coustume no-
taire (3) usée et gardée en tel cas :

Et nous, considérés le deffauz dessus diz et tout ce qui dessus est dit,
en conseil avecques sages de droit et de coustume, adjugasmes et ad-
jugons et par droit audit Philippe la saisine du dit héritage contencieux,
réservée au dit Guillaume la question de la propriété, si comme droit et

____

(1) Lisez S. Denis. Sa fête est le 9 octobre, et le samedi qui la suivit fut le 11 de
ce mois.

(2) 8 février 1316.

(3) Voy. *le Grand Coutumier de France*, liv. II, ch. du Droit des Censiers

coustume requiert. En tesmoing de la quele chose, nous avons mis en ces lectres le seel de la Chambre (1).

Donné l'an de grace mil ccc et quinze, le lundi après le dimanche de *Occuli mei* (2).

(1) Ce sceau, qui était sur queue de parchemin, est tombé.
(2) 23 février 1316

BIBLIOTHEQUE NATIONALE DE FRANCE

3 7502 00972299 4

www.ingramcontent.com/pod-product-compliance
Lightning Source LLC
Chambersburg PA
CBHW061829060726
47597CB00008B/3420